Positiva Crianza

Más Sonrisas, Menos Lágrimas

Barbara Frandsen

2025 Tranquility Press

Copyright 2025 Barbara Frandsen

All rights reserved.
Todos los derechos reservados.

Any commercial use is strictly prohibited.
Cualquier uso comercial está estrictamente prohibido.

Cualquier parte de este libro puede ser copiada con el propósito de ayudar a padres y abuelos.
Any part of this book may be copied for the purpose of helping parents and grandparents.

Traducir/translator: Nela Santamaria

Editor español/Spanish Editor: Jasmin Garcia

Más información/more information:
Tranquility Press, www.TranquilityPress.com
723 W University Ave #234
Georgetown TX 78626

Tabla de contenido

Criar con amabilidad. 5

Crecimiento social y emocional frente a derecho. 20

Cómo dignificar los errores de los niños. 40

Redirija hacia el comportamiento deseado. . . . 47

Cuando y cómo empezar con la retirada del pañal. 52

Utilizar las opciones para enseñar. 68

Bibliografía. 79

Sobre Barbara Frandsen. 83

Criar con amabilidad

Historia: Una niña pequeña en una fiesta de cumpleaños

Imagine que lleva a su hija de dos años a la fiesta de cumpleaños de una amiga. Cuando entran, la niña observa con sus grandes ojos marrones y preocupados escondida detrás de sus piernas. Se está chupando un dedo y con la otra mano se aferra a su falda. Le preocupa cómo le irá en la fiesta.

De repente, al ver la montaña de regalos, la cara de su hija se ilumina. Señala los regalos mientras suelta su falda y corre hacia los paquetes envueltos con papel de colores vivos. Se da cuenta con pánico de que ella no tiene forma de entender que la fiesta y todos los regalos son para su amiga. Esta niña de dos años vive en su mundo egocéntrico, propio de su edad.

Se acerca y se pone a la altura de sus ojos para explicarle: «Esta fiesta es para el cumpleaños de Ellen. Estos son los regalos de Ellen. Dentro de poco, tendremos una fiesta de cumpleaños solo para ti».

Inmediatamente, baja la mirada y le tiembla el labio inferior mientras sigue avanzando lentamente hacia los regalos. Aunque se da cuenta de que no es capaz de comprender que todo lo que ve pertenece a Ellen, acaba de inculcarle la idea de los demás. Quizá quiera añadir: «Sé que esto te entristece. ¿Quieres decirme o mostrarme cómo te sientes?».

Mientras la madre recuerda haber comprado un pequeño regalo para Ellen, se reprende a sí misma: «Debería haber comprado muchos regalos para que mi hija los abriera. Podría haberlos disfrutado antes de la fiesta o tal vez podría haberlos abierto al mismo tiempo que Ellen. Eso la habría hecho feliz». Aunque el pensamiento parece cariñoso, esta idea es exagerada. Imagina todas las fiestas que le esperan a esta niña en el futuro. ¿Va a comprar la madre varios regalos para su hija cada vez que asista a una fiesta de cumpleaños?

Mientras se pregunta cómo puede distraer a su hija, se fija en los niños que juegan en el jardín. Señalando por la ventana, le sugiere: «Mira, cariño. Algunos niños están jugando fuera. Vamos a ver cómo se divierten». La madre consigue distraer a su hija de los regalos y centrar su atención en los niños que juegan en el jardín.

Los niños pequeños pueden tener en cuenta a los demás

Animo a los padres y abuelos a que empiecen a introducir el concepto de los demás mucho antes de que el niño cumpla los tres años. Sus ejemplos de amabilidad proporcionan a su hijo la forma más eficaz de aprender. Al explicarle pacientemente, empieza a enfatizar la importancia de los demás como seres independientes. La base del concepto de los demás puede empezar incluso durante etapa tan importante del «yo» del desarrollo emocional.

Dentro de lo razonable, ni siquiera tener demasiados juguetes malcriará a un niño, a menos que más adelante decida que no puede ser feliz sin un juguete o una experiencia en concreto. Que un niño acabe siendo malcriado o no depende de su actitud hacia los demás y de cómo se sienta consigo mismo. La clave está en la amabilidad básica. ¿Cómo puede enseñar a su hijo a ser amable con los demás y consigo mismo? Básicamente, aprenda observándole e imitando su comportamiento.

La amabilidad respaldada por la Clínica Mayo

El Sistema de Salud de la Clínica Mayo afirma que la amabilidad cambia el cerebro al liberar dopamina y serotonina, los neurotransmisores que provocan la sensación de satisfacción y felicidad. Expresar amabilidad también lleva a tener un cerebro más sano con una mejor circulación sanguínea. Además, las endorfinas, que son analgésicos naturales, también se liberan cuando realizamos pequeños actos de amabilidad. Estas sustancias químicas no solo se liberan cuando mostramos amabilidad hacia los demás, sino que también cambian el cerebro cuando somos amables con nosotros mismos.

Practicar la gratitud a lo largo del día también crea un ciclo de aprecio auténtico por uno mismo y por los demás. Es posible compartir actos de bondad en un sitio web llamado «Acts of Random Kindness» (Actos de bondad al azar).

Historia: Un acto de bondad a los tres años

Para la tercera Navidad de nuestro hijo, invitamos a un joven oficial militar y a los padres de mi marido. Las luces del árbol brillaban. Los regalos, algunos envueltos en papel de Navidad de colores y otros sin envolver de parte de Papá Noel, se habían apilado alrededor de la base del árbol. David, de tres años, entró con un pijama azul mientras somnoliento se frotaba los ojos. Al fondo, sus abuelos sonreían emocionados.

«David, ¿quieres ver lo que te ha dejado Papá Noel?».

David: «Un minuto».

Mientras observábamos desconcertados, David se dirigió a la cocina. Pronto oímos el ruido de pequeños objetos de cocina que se movían. El susurro de una pequeña bolsa nos hizo levantar las cejas y mirar con curiosidad.

A través de la puerta, nuestro hijo de tres años regresó orgulloso, con ojos azules brillantes y una gran sonrisa iluminando su pequeño rostro. En sus manos llevaba una pequeña bolsa de papel. De forma solemne, me entregó su regalo. ¿No quería ver sus propios regalos? No, no quería.

Abrí la bolsa y miré los utensilios de cocina que guardaba en un cajón especial para David. A menudo, se sentaba dentro del cajón y jugaba mientras yo cocinaba o limpiaba la cocina. Él y yo considerábamos que los objetos del cajón eran suyos. Al darme cuenta de lo que David había metido en la bolsa, saqué con cuidado cada objeto: una pequeña olla de metal con tapa, cucharillas, un cortador de galletas, cucharas medidoras y un tapón para el fregadero. Solo después de examinar y exclamar sobre cada regalo, David se dirigió hacia los suyos.

Me di cuenta de que nuestro hijo de tres años había decidido anteponer a otra persona a su propia ilusión navideña. Al final, resultó que pensar en los demás nunca sería un problema para nuestro hijo.

Consigue uno y regala otro

John S. Williams, revisionista y editor de Escribe de noche, cree que los padres pueden promover la empatía animando a los niños a regalar un juguete por cada juguete nuevo que reciban. Esto permite alcanzar varios objetivos valiosos.

- Se reduce el desorden, dejando espacio para cada juguete.
- Se pide a los niños que sean conscientes de su abundancia.
- La empatía hacia los niños menos afortunados aumenta la compasión.
- Se puede mantener el espacio para las posesiones con conciencia y planificación.

Dar a los demás aumenta la felicidad de quienes dan.

Historia: Enseñar buenos modales

Mientras disfrutaban del almuerzo, Daisy, de dos años, comenzó a jugar con los adornos otoñales que había sobre la mesa de la cocina. Su madre, Margie, inició la siguiente conversación.

Mamá: «Daisy, cuando estamos en casa de otra persona y quieres examinar algo, es de buena educación pedir permiso. Podrías preguntar: «Abuela, ¿puedo tocar esto?"».

Daisy, repitiendo las palabras exactas de Margie, preguntó: «Abuela, ¿puedo tocar esta baya?».

«Sí, claro que puedes, Daisy. Gracias por preguntar».

Daisy continuó pasando de las bayas a las hojas y a las ramitas, pidiendo permiso para tocar cada cosa.

Cada vez que la niña preguntaba, yo le decía que sí y le agradecía sus buenos modales.

La sencillez de compartir y modelar las palabras exactas cosechó un pequeño y agradable éxito. A veces, los adultos parecemos tan tontos al dar por sentado que un niño pequeño sabe (o debería saber) lo que son buenas maneras. Esta breve y cariñosa lección fue mil veces más eficaz que lo que habría sido regañarle.

Participación en organizaciones benéficas

Cuando los niños tienen la edad suficiente para participar, los padres o abuelos pueden involucrarlos en organizaciones benéficas.

Algunos ejemplos posibles son Meals on Wheels, CROP (Christian Rural Overseas Program), Heifer International, la compra de material escolar y de regalos navideños para niños que viven en la pobreza.

Los niños que dan a los demás tienen la oportunidad de aprender dos conceptos. El primero es la conciencia de lo mucho que tienen. Cuando nuestros hijos se quejan o se obsesionan con los regalos que quieren recibir, se benefician de escuchar las expresiones de gratitud de sus padres y abuelos. La mayoría de nosotros tenemos todo lo que necesitamos y gran parte de lo que queremos. El agradecimiento y la gratitud aumentan los niveles de felicidad.

El segundo concepto es la empatía, que gira en torno a la desafortunada realidad de que muchos niños, incluso en esta nación rica, carecen de gran parte de lo que necesitan y de casi todo lo que desean. La conciencia de esta realidad económica abre la posibilidad de compadecerse por los demás.

Las personas que reciben constantemente todo lo que quieren sin hacer ningún esfuerzo suelen esperar obtener lo que desean sin aportar nada a cambio. Esta actitud también se relaciona con el concepto de las tareas domésticas y el trabajo. Las personas que no aprecian el mundo laboral se pierden la satisfacción genuina que acompaña a un trabajo bien hecho. Esperar algo a cambio de nada no aporta satisfacción.

Respetarse a uno mismo se convierte en un trampolín que conduce al respeto por los demás. A medida que los niños aprenden a cuidarse a sí mismos, el autocuidado se expande a la amabilidad hacia los demás.

Espere que su hijo muestre respeto

La negativa de un niño a cumplir con sus peticiones puede parecer una falta de respeto. Su tono también puede afectarle negativamente. Si su hijo, de tres años o mayor, le habla de forma grosera, su comportamiento le brinda la oportunidad de reforzar sus buenos modales diciéndole:

«Cuando me hablas con ese tono de voz, me siento menospreciado. ¿Estás dispuesto a respetarme?».

Cuando se les pide que muestren respeto, la mayoría de las personas, la mayoría de las veces, lo hacen. Si su hijo, o cualquier otra persona, se niega a mostrar respeto, es el momento de responder diciendo: «Gracias por tu sinceridad. Es una información útil. No estoy dispuesto a que nadie me falte al respeto. Quizás podamos volver a hablar de esto más tarde».

Establecer límites

Los límites establecen una línea divisoria para el comportamiento de cada miembro de la familia. Algunos ejemplos son respetarse mutuamente hablando con amabilidad y atender las peticiones razonables. Aunque un límite no es un muro rígido, proporciona un escudo que puede relajarse cuando no es necesario o expresarse con firmeza cuando la falta de respeto es evidente. Cuando los padres y los hijos se ponen de acuerdo en los límites, establecen lo que se espera y lo que no. Con los bebés y los niños pequeños, los límites suelen girar en torno a la seguridad. Por lo tanto, si le dice a su hijo pequeño que evite acercarse a la chimenea, debe explicarle por qué no es seguro. Teniendo en cuenta que muchos límites deben incluir flexibilidad, a continuación se pueden leer algunas consideraciones sobre los límites en familia:

Tiempo:

Incluso antes de que los niños sean lo suficientemente maduros como para comprenderlo del todo, es importante prestar atención a las necesidades personales. Cada individuo necesita tiempo a solas, tiempo con una pareja de confianza y tiempo con los niños y en familia. Además, considere cuánto se beneficia su hijo de estar con usted y cuánto tiempo puede entretenerse solo.

Dinero:

Cada miembro de la familia tiene necesidades materiales. Hay situaciones en las que un miembro de la familia tiene mayores necesidades que otros. A menudo, estos son los momentos en los que las necesidades individuales se vuelven más importantes que los límites establecidos por un presupuesto.

Espacio:

Algunas personas anhelan abrazarse y estar cerca la mayor parte del tiempo. Otras necesitan un espacio personal mayor.

Además de las preferencias físicas, cada miembro de la familia necesita un lugar seguro donde guardar sus pertenencias.

Salud:

Tener hábitos saludables puede marcar una gran diferencia en la eficacia con la que interactúan los miembros de la familia.

Comer una porción saludable de frutas y verduras frescas, obtener las proteínas adecuadas y limitar el consumo de azúcar repercute en la salud física y emocional.

Tecnología:

La tecnología ha aportado muchos beneficios a nuestras vidas.

Al mismo tiempo, la dependencia excesiva de los dispositivos ha reducido el tiempo que pasamos en la naturaleza y haciendo ejercicio.

Cortesía:

Cada miembro de la familia trata a los demás con buenos modales básicos. Todos nos enfadamos en algún momento. Sin embargo, cuando el enfado se intensifica y se traduce en comentarios o acciones groseras o incluso crueles, hay que poner fin a la situación inmediatamente si los niños pueden oír o ver lo que se está diciendo. Todo lo que se dice y hace sirve de modelo a los niños y le traerá felicidad o le perseguirá en el futuro. Los sentimientos de enfado pueden posponerse y se puede mantener la seguridad emocional ante los ojos y oídos de los más pequeños.

La amabilidad se extiende al resto de la familia y a la sociedad en general.

No es aceptable tratar a los demás de forma grosera. Modele esta expectativa prestando atención a las ocasiones en las que usted, como padre, siente que le han hablado de forma inaceptable. Comparta esta información con delicadeza. Modele el trato que desea y espera de los demás.

Si no articula y mantiene los límites adecuados, los bebés y los niños no se sentirán seguros. Como parte del proceso de aprendizaje, los niños a menudo se rebelarán contra sus límites. A menos que haya cometido un error al expresar una expectativa, será prudente mantener lo que afirmó que era importante. Establecer y mantener una expectativa ayuda a los niños a aprender a ser responsables. Con el tiempo, los límites se convierten en hábitos diarios.

No cumplir de manera consistente con un límite manda el mensaje de que su hijo no puede contar con usted. (Seamos realistas: algunas noches puede sentirse demasiado agotado para preocuparse por cepillarle los dientes a su hijo. Si quiere ser indulgente consigo mismo, puede decidir que ni los dientes ni el hábito sufrirán daño permanente si, la mayoría de las veces, hace el trabajo).

En vez de poner más límites de los que se puedan recordar o seguir, asegúrese de que los pocos que tenga sean realmente importantes.

Una vez que el niño entienda el significado de los acuerdos escritos, quizá quiera crear y firmar contratos que guíen los comportamientos y las expectativas.

Evite usar adjetivos como «bueno» o «malo».

Asegúrese de que, al hacer cumplir los límites, usted y su pareja se tratan con respeto mutuo. Por ejemplo, nunca caigan en la tentación de decir «No se lo digas a tu papá...»

Todo el mundo se enfada a veces. Una discusión sana puede ser útil y fomentar la sinceridad con los niños.

Use consecuencias naturales siempre que pueda. Si las consecuencias naturales no le parecen seguras o adecuadas, use consecuencias lógicas que tengan sentido.

Tenga en cuenta que si un niño se olvida de una regla (un acuerdo de límite) como, por ejemplo, hablar siempre con educación, una consecuencia puede sustituir el castigo. Por ejemplo, una consecuencia lógica de usar un lenguaje inapropiado podría ser pensar en dos formas aceptables de transmitir el mismo mensaje. Al principio, tendrá que dar ejemplo sobre qué decir y cómo transmitir el mensaje con educación.

Dar un buen ejemplo siempre será la forma más eficaz de enseñar a su hijo. Si le oye hablar a los demás con respeto, tenderá a copiar sus palabras y su tono. Después de verle mostrar amabilidad con los animales, sonreír a la gente, mantener una buena higiene y cumplir sus acuerdos, probablemente hará lo mismo. Sea el padre o la madre de quien su hijo se sienta orgulloso al presentarse como su mamá o su papá.

Los límites reflejarán sus valores como padres. Aquí hay algunos ejemplos adicionales:

- Todos los miembros de la familia tienen derecho a buscar una vida saludable y una seguridad física.
- Se respetarán las necesidades emocionales de cada persona.
- Todos los miembros de la familia ayudarán a mantener la casa limpia y ordenada.
- Divertirse es una cuestión importante en lo que respecta a los límites.
- Se apoyarán los logros educativos.
- Todo el mundo merece que se le mire a los ojos, se le hable con educación y se le respete.
- Se respetarán los objetivos espirituales.

Crecimiento social y emocional frente a derecho

Los conflictos personales entre niños, al igual que las guerras entre naciones, se producen cuando las personas no sienten empatía por los demás. La falta de crecimiento emocional, necesario para fomentar la empatía, destruirá a un individuo, una familia, un aula, una nación e incluso el mundo. Por otro lado, la voluntad de preocuparse por los demás fomenta una base emocional saludable.

¿Qué es el crecimiento social y emocional?

Al nacer, un bebé tiene 100 billones de neuronas esperando a conectarse. Por lo tanto, hasta que las experiencias de la vida completan el proceso, el cerebro permanece inacabado. Las neuronas espejo se forman durante los primeros años de vida y hacen que los bebés devuelvan la sonrisa a los rostros sonrientes. A menudo, un bebé que llora hace que otros bebés lloren debido a sus neuronas espejo. Cuantas más neuronas espejo tenga un bebé, mayor será su capacidad para mostrar empatía a medida que madura.

Las investigaciones sobre el cerebro nos indican que todas las conexiones emocionales se establecen durante los primeros años de vida. Cada vez que se repite una experiencia emocional positiva, las conexiones se fortalecen. Dado que las conexiones emocionales saludables dependen de las interacciones sociales, las conexiones sociales y emocionales difieren de las conexiones cognitivas y físicas.

Las habilidades sociales y emocionales que se cultivan durante los primeros meses de vida de un bebé pueden marcar la diferencia en su autoestima, satisfacción y capacidad para vivir en paz con su familia y la sociedad. Sin asumir el dolor de los demás, se puede enseñar a los niños a escuchar, compartir y ser amables. Ver el valor en los demás se convierte en una elección que esperamos modelar y desarrollar en los niños. De hecho, una vida feliz y productiva depende del desarrollo y el mantenimiento de la salud emocional.

Durante el primer año de vida, un bebé necesita contacto físico, voces cariñosas e incluso alguien que escuche sus sonidos. A continuación se indican las edades aproximadas para el desarrollo de las fortalezas y habilidades sociales y emocionales.

Aunque el desarrollo social y emocional comienza al nacer, un bebé empezará a expresar sus sentimientos con expresiones faciales aproximadamente a los tres meses. También comenzará a imitar las caras que hacen sus padres.

- A los cinco meses, un bebé diferenciará a sus padres de otras personas y preferirá interactuar con ellos.

- A los siete meses, un bebé responderá a su nombre, a una inflexión de voz agradable y al verse en un espejo.

- A los doce meses, un bebé puede mostrar timidez, así como preferencias por sus juguetes favoritos. Será capaz de repetir algunos sonidos.

- A los dos años, imitará las acciones y comportamientos de otras personas. También comenzará a reconocer que es una persona independiente.

- A los tres años, será capaz de jugar a juegos sencillos, esperar su turno y comprender el significado de palabras como «tuyo» y «mío».

La televisión y otros dispositivos con pantalla no crean conexiones y pueden alterar el desarrollo del cerebro. Ver la televisión, una actividad pasiva que no fomenta el movimiento ni la interacción con otras personas, puede retrasar o incluso impedir el desarrollo saludable de las conexiones necesarias para las reacciones emocionales y sociales. La Asociación Médica Americana recomienda evitar las pantallas antes de los dos años.

Enseñar habilidades sociales y emocionales a los niños les anima a darse cuenta de que los demás tienen sentimientos, deseos y necesidades. A medida que avanza la conciencia de los demás, es de esperar que los niños demuestren amabilidad junto con el deseo de resolver conflictos. El crecimiento emocional saludable permite a los niños posponer la gratificación.

Los conceptos que aparecen en la tabla siguiente se desarrollarán más a fondo entre los cuatro y los cinco años. La tabla separa las fortalezas emocionales de las habilidades sociales. Aunque están relacionadas, ambas son ligeramente diferentes.

Fortalezas emocionales y habilidades sociales

- El niño conoce la diferencia entre los sentimientos y las acciones. Puede responder a los demás si necesitan ayuda.
- El niño tiene el control suficiente para hablar sobre sus sentimientos. Aprende a cooperar con los demás. También adquiere control sobre sus impulsos.

- Adquiere suficiente conciencia de sí mismo para reconocer cuándo necesita comer o descansar. Empieza a preguntar a los demás si tienen hambre o sed.
- Se vuelve socialmente consciente de los demás. El niño puede empatizar con niños de diferentes orígenes y tomará medidas para apoyar a los demás.
- Adquiere información sobre cómo tratar a otras personas. Trata a los demás con cooperación, respeto y amabilidad.

Para adquirir habilidades sociales y emocionales, un niño debe tener oportunidades de relacionarse con sus compañeros. A medida que desarrolla amistades, sus relaciones con sus padres y maestros mejoran y se siente más cómodo expresando sus propios sentimientos y necesidades. Las prácticas de la primera infancia que promueven las habilidades sociales incluyen:

- Escuchar cuentos.
- Hablar sobre los personajes de los cuentos.
- Escuchar sobre personajes de libros con diferentes puntos de vista.
- Vivir en entornos estimulantes.
- Aprender a hacer cumplidos.
- Usar palabras como «por favor» y «gracias»

- Hablar y representar sentimientos.
- Jugar a juegos de emparejamiento emocional.

No pensar en los demás conduce al sentido de derecho

Un niño que no aprende a pensar en los demás se convierte en una persona cuya vida se ha visto empañada, es decir, malcriada. Los niños malcriados, que simplemente no pueden pensar más allá de sus deseos, no son compañeros de juego divertidos. Más adelante en la vida, estos niños no son buenos compañeros de equipo ni parejas sentimentales. La capacidad de tener en cuenta a los demás sigue siendo importante. Un adolescente o adulto malcriado que no sabe reconocer el valor de los demás nunca se sentirá verdaderamente feliz.

Un adulto que ha sido malcriado cuando era bebé, niño o adolescente parece carecer de satisfacción o disfrute. Se pueden observar al menos dos características. En primer lugar, a los niños que crecen sin pensar en los demás les cuesta mantener amigos íntimos. Además, un mundo centrado en el «yo» no fomenta la felicidad a medida que los niños crecen.

La transición de un mundo centrado en uno mismo al concepto de «nosotros» no es fácil para los niños. Al principio, alternarán entre mostrar paciencia y amabilidad hacia los demás y querer satisfacer inmediatamente sus propios deseos y necesidades. Aunque no todos los deseos deben satisfacerse, los padres, abuelos y profesores pueden asegurarse de que se satisfagan las necesidades de cada niño. Los juegos en los que hay que turnarse favorecen una transición saludable. A los cinco o seis años, la conciencia social de la mayoría de los niños estará lo suficientemente desarrollada como para comprender que vivimos en un mundo en el que todos participamos. Muchas veces, al hacer esta transición, los niños se resistirán al alterar sus límites y aprender a formar parte de un grupo. Aunque resulte algo doloroso, esta importante lección de vida marca la diferencia entre una vida con propósito y una de total egocentrismo.

Historia: *El derecho no es amor*

Niño: «¡Dámelo ahora! ¡Lo quiero ahora!».

Padre: «Ya has comido demasiadas galletas. Esta es de tu hermano».

Durante la discusión con su padre, la niña tiene la cara enrojecida, está sudando, tiene las manos cerradas en puños y da patadas al suelo mientras grita: «Te odio. Mi hermano es tan vago que no se merece ninguna galleta. Dame una de sus galletas ahora mismo o te pego».

Padre: «Bueno... quizá a tu hermano no le importe demasiado que te comas una de sus galletas, pero solo una. ¿Lo entiendes?».

Niña: «No me importa si a mi estúpido hermano le importa o no. Me merezco la galleta porque la quiero. Si no me das esa galleta ahora mismo, te arrepentirás».

Por supuesto, ya sabe cómo acaba esto. Al final de la discusión, el padre le da todas las galletas del hermano a su hermana.

El término obsoleto «mimado» se ha sustituido por «con derecho». Un niño que se cree con derecho espera que todo en la vida le sea dado sin esfuerzo. Convencido de que debe obtener todo lo que quiere, asume que los demás existen para satisfacer todos sus deseos. Yo consideraría esto una vida mimada —básicamente una vida arruinada.

Un niño que se cree con derecho a todo o mimado muestra los siguientes comportamientos desagradables:

- No puede aceptar la palabra «no».
- No oculta su disgusto por los regalos que no le gustan.
- Se niega a seguir las normas.
- Tiene rabietas frecuentes a partir de los tres años.

- No se ofrece a ayudar a los demás.
- No sabe jugar bien con sus compañeros.
- No hace las tareas domésticas.
- No suele decir ni «por favor» ni «gracias».
- Empieza a hablar diciendo: «necesito/quiero...».
- No sabe compartir bien.
- Habla con los adultos como lo hace con sus compañeros.
- No muestra empatía.
- No se compromete.
- No es buen perdedor
- Dice cosas inapropiadas en momentos inoportunos.
- No le importa si los demás se sienten incómodos.
- Se enfada si no consigue lo que quiere.
- Tiene baja autoestima.
- Exige que lo traten de manera especial.
- Intimida a los demás.
- Manipula a los demás.
- Siempre quiere más.

Cuando su hijo insiste en conseguir lo que quiere, los expertos aconsejan evitar caer en los siguientes ejemplos de razonamientos propios de un niño consentido.

- «Debo conseguirlo porque lo quiero».
- «Todos los demás tienen uno».
- «He roto el antiguo».
- «Quiero uno nuevo y mejor».

Hay una gran diferencia entre satisfacer las necesidades básicas de su hijo en cuanto a comida, alojamiento, ropa y diversión (sí, la diversión es una necesidad básica) y darle todo lo que quiere. A continuación puede leer algunas ideas que debe tener en cuenta.

- Evite los excesos, incluso con los niños pequeños. Un exceso podría ser, por ejemplo, que la abuela le compre cuatro muñecas cuando con una sería suficiente.
- Cuando su hijo tenga la edad suficiente para tener un juguete más sofisticado, como un teléfono móvil, elija uno que funcione, pero que no tenga todas las funciones posibles.
- Evite rescatar a su hijo o impedir que sufra las consecuencias naturales o lógicas. Espere que su hijo aprenda la lección de las consecuencias de sus actos.
- Asigne tareas domésticas.

- Organice oportunidades para que ayude a los demás.
- Dé ejemplo de cómo ser un buen ciudadano siguiendo las normas y ayudando a los demás.

Considere el exceso

¿Cuándo es suficiente realmente suficiente? ¿Es más importante tener experiencias que adquirir posesiones materiales? En su libro *The Year Without a Purchase* («El año sin compras»), Dannemiller afirma: «La única razón por la que empezamos este reto fue para centrarnos en lo que creíamos que era importante en nuestras vidas». Dannemiller continuó diciendo que la implicación con sus hijos les proporcionó experiencias y recuerdos vitales muy intensos. Afirmó que el dinero gastado en conectar a los miembros de la familia es más importante que las montañas de juguetes de plástico rotos, que a menudo matan a animales y plantas marinas.

«No hay nada intrínsecamente malo en los regalos materiales. Solo se convierten en un problema cuando les damos mucho más significado del que merecen». La esperanza es guiar a los niños para que se den cuenta de que ya tienen suficientes juguetes y aparatos electrónicos. «La verdad es que el valor de la experiencia es mucho mayor que el valor de cualquier regalo tangible». Dannemiller afirma que la aceptación y el amor incondicionales son lo único que necesitan los niños. El autor ofrece ocho formas de «aprovechar lo que se tiene».

Crear una norma familiar para arreglar las cosas que se rompen en lugar de tirarlas y comprar otras nuevas. El compromiso de reparar pone énfasis en cuidar las cosas que tenemos. YouTube tiene tutoriales para arreglar muchos objetos.

Elimine o reduzca los anuncios de televisión porque crean de forma persuasiva la falsa creencia de que necesitamos algo que se está vendiendo. Netflix o las grabadoras de vídeo digitales (DVR) eliminan los anuncios.

Cuando los niños vean un anuncio que les resulte demasiado atractivo como para resistirse, mantenga una conversación con ellos para ayudarles a investigar la verdad. Lo mismo puede decirse de las empresas de venta por catálogo. Reduzca la exposición al mundo de lo material.

Los cupones y los descuentos, que prometen ahorrar dinero, conducen a un aumento del gasto. Tenga en cuenta que, sin un cupón, es posible que los padres y abuelos ni siquiera se plantearan la compra. Las empresas que ofrecen cupones no lo hacen por generosidad.

Cada día durante un mes, ayude a los niños a enumerar cinco razones para estar agradecidos.

«Recibe uno, da uno» es una promesa de que por cada juguete o artículo nuevo que se obtenga, se debe regalar otro. Disminuya el acumular mucho pensando en quién podría necesitar el artículo más.

En lugar de comprar algo porque está en oferta, sostenga el artículo y pregúntese: «¿De verdad me gusta esto?». Dannemiller dice: «Si la respuesta es 'no', no lo compres. El hecho de que algo sea una buena oferta no significa que sea una buena idea».

Regale experiencias

Otra idea es regalar experiencias en lugar de objetos materiales. Dependiendo de la edad y los intereses de sus hijos, sustituya los regalos materiales por experiencias, como por ejemplo:

- Clases de cocina.
- Entradas para un día en el museo.
- Entradas para parques acuáticos.
- Clases de tiro con arco.
- Clases de baile o teatro.
- Visitas a fábricas.
- Visitas a granjas.
- Clases de equitación.
- Entradas para conciertos.

- Un día en un parque de camas elásticas.
- Clases de cerámica.
- Clases de guitarra.
- Vuelo en helicóptero
- Acampada de supervivencia en la naturaleza.
- Senderismo.
- Entradas para un evento deportivo.
- Clases de edición de vídeos.
- Escalada con cuerdas.
- Clases de natación.
- Patinaje sobre hielo o patinaje sobre ruedas.
- Clases de yoga.
- Clases de escritura creativa.
- Ver juntos una película adecuada y hablar sobre la experiencia.

Conversaciones sagradas durante la cena

Convierta la hora de la cena en una oportunidad sagrada para comer juntos y compartir en familia. Aunque la nutrición siempre será importante, sus conversaciones e ideas compartidas ofrecen aún más valor a un niño o adolescente en crecimiento. Aproveche la oportunidad para hacer preguntas abiertas. Coloque las preguntas en un frasco. Cada noche, una persona elegirá una idea para debatir. A continuación se enumeran algunas preguntas como ejemplo:

- «¿Qué opinas sobre...?»
- «¿Por qué ocurrió esto?»
- «¿Qué puedes (o podemos) hacer al respecto?»
- «¿Qué es lo mejor de la escuela? ¿Qué es lo peor de la escuela? ¿Qué puedes hacer para mejorar la situación?»
- «Si ves que alguien está siendo acosado, ¿qué puedes decir o hacer? ¿Cómo puedes pedir ayuda?»
- «Si pudieras hablar con el director, ¿qué le sugerirías para mejorar la escuela?»
- «¿Por qué dibujaste eso? ¿Por qué escribiste esa historia?»
- «¿Qué hace que alguien sea un buen amigo? ¿Qué puedes hacer para ser un mejor amigo?»
- «Si pudieras visitar otro planeta, ¿cuál sería y por qué?»
- «Si tuvieras un restaurante, ¿qué servirías?»
- «Si pudieras ser invisible por un día, ¿qué harías?»
- «¿Cuál es el peor nombre para un gato que has oído?»

- «Si pudieras tener cualquier cosa en el mundo, ¿qué sería?»
- «¿Qué personaje de dibujos animados elegirías ser?»
- «Si pudieras viajar en el tiempo, ¿irías al pasado o al futuro? Describe lo que harías.»
- «Si tuvieras un escondite secreto, ¿dónde estaría? ¿Qué harías allí? ¿Preferirías estar solo o llevar a otras personas contigo?»
- «Si un amigo quisiera que participaras en una acción peligrosa, ¿qué le dirías? ¿Qué harías?»
- «Si tuvieras un loro, ¿qué le enseñarías a decir?»
- «¿Qué has hecho hoy que te ha hecho pensar mucho?»

No se puede subestimar la importancia de mantener un ambiente relajado y agradable durante las comidas compartidas. Tenga en cuenta que su objetivo es mostrar apoyo mutuo. Las comidas no son el momento para hacer ejercicios o dar charlas, lo que iría en contra de su objetivo. Encuestas recientes también demuestran que tener al menos cinco comidas a la semana en familia con conversaciones significativas reduce el consumo de tabaco, marihuana y drogas ilegales entre los niños y adolescentes.

Dannemiller escribe: «Todos buscamos algo que nunca hemos perdido. Es el amor de Dios enterrado en lo más profundo de nuestras almas. De alguna manera lo hemos desplazado». Nos hemos desconectado de nosotros mismos. La voz en nuestra cabeza nos recordará que ya tenemos suficiente. La voz también puede susurrarles a padres e hijos por igual: «Te amo. Tienes suficiente. Eres suficiente».

Formas adicionales de servir

Además de las conversaciones significativas durante las comidas familiares, anime a los niños a participar de las siguientes maneras.

- Ayude a redactar una declaración de misión familiar.
- Compartan sus metas personales e inviten a los niños a escribir las suyas.
- Sean voluntarios en un banco de alimentos local.
- Planten y cuiden juntos un jardín.
- Apadrinen a un niño que viva en la pobreza en un país del tercer mundo a través de organizaciones como:

    1. Compassion International: http://www.compassion.com

2. World Vision: http://www.worldvision.org

3. Heifer International: www.heifer.org

- Cenen con alguien que viva en la pobreza. Mírele a los ojos. Concéntrese en estar presente y pídale que les enseñe.

- Hagan pequeños regalos o donaciones a personas que, por las circunstancias, trabajen en días festivos.

- Pida a los niños que escondan billetes de un dólar donde los dependientes o los clientes los encuentren. Explique a sus hijos que esta es una forma de «devolver el favor».

Historia: Relacione lo que se merece con lo que se gana

El exceso y el sentido de tener derecho a algo están profundamente relacionados. Una forma de evitar criar a un niño que se sienta con derecho a todo es demostrar la conexión entre una fuerte ética de trabajo y unos ingresos justos.

Por ejemplo, un padre le pidió a su hija de quinto grado que lavara y encerara su coche. A cambio, él accedió a pagarle una cantidad que acordaron juntos. Al día siguiente, la hija se aventuró a limpiar el coche de su padre.

Al poco tiempo, dijo: «Papá, ya terminé de limpiar tu coche. No pude encerarlo porque Sara me llamó y me invitó a ir al cine con ella. Como hice un buen trabajo limpiándolo, espero que me pagues la cantidad acordada».

Papá: «Vamos a ver el coche. Tenía muchas ganas de que le pusieras la cera hoy».

Después de examinar su coche, el padre se sintió decepcionado. Aunque el coche estaba bien limpio, algunas zonas se habían quedado sin limpiar y no lo había encerado. Parecía un incumplimiento del acuerdo.

Papá dijo: «No me gusta que hayas dejado algunas manchas sin limpiar. Además, encerar el coche era una parte importante de nuestro acuerdo. Puedo pagarte un poco menos de la mitad de lo que habíamos acordado o dejar que vuelvas mañana a trabajar en el coche y lo hagas bien. Tú decides».

Este padre le dio a su hija una opinión sincera y directa. Si le hubiera pagado bien por un trabajo mal hecho, ella habría concluido que con solo presentarse era suficiente para ganarse el pago completo.

El ganso de los huevos de oro es demasiado

Un artículo de Julie Baumgardner comienza con una historia de Willy Wonka y la fábrica de chocolate. En la historia, una niña pequeña le dice a su padre que quiere el ganso que pone huevos de oro. El padre le pregunta a Willy: «¿Cuánto cuesta el ganso?».

Aunque los padres y abuelos puedan tener buenas intenciones, ceder a los caprichos excesivos no ayudará a los niños a convertirse en adultos satisfechos con una vida mejor. Un padre sensato diría: «Puedes tener un ganso, pero el ganso especial que pone huevos de oro es demasiado caro. No estoy dispuesto a gastar tanto dinero».

Cómo dignificar los errores de los niños

Valorar significa proporcionar comentarios sinceros sin herir ni avergonzar. Los comentarios, que son una herramienta de aprendizaje útil, pueden transmitirse de una manera que humille y desanime, o pueden expresarse con comprensión. Las emociones fuertes tienden a consolidar los conceptos de aprendizaje. Los padres y los abuelos pueden provocar sentimientos poderosos al validar o al herir. Por lo general, el concepto de dignificar surge después de que el niño comienza a razonar. Sin embargo, he aprendido una lección importante: dignificar debe comenzar desde el nacimiento y durar toda la vida.

Quizás se pregunte por qué es importante dignificar los errores. Para la mayoría de las personas, los sentimientos de vergüenza dañan la autoestima. Decirle a alguien de cualquier edad «estás equivocado» le hace avergonzarse. El objetivo será proporcionar comentarios de manera que enseñen, a la vez que se protege y dignifica la autoestima. Comience por recordar que los bebés, los niños pequeños, los adolescentes y los adultos cometen errores. La vergüenza se asocia rápidamente con la sensación de no saber.

Ejemplos de comentarios que dignifican

Hace muchos años, una educadora llamada Dra. Madeline Hunter sugirió las siguientes formas de proporcionar retroalimentación sin promover la vergüenza.

- «¡Casi! Piénsalo». (A continuación, ofrezca una pista).
- «Entiendo por qué pensaste eso. La respuesta correcta es…».
- «Casi has colocado la pieza del rompecabezas en el lugar correcto. Inténtalo de nuevo».
- «Vas por buen camino».
- «Estás cerca. ¡Sé que puedes hacerlo!». Cuando lo logre, añade: «Sabía que lo conseguirías».
- «Entiendo tu razonamiento».
- «Tu respuesta es lógica. ¿Quieres que te dé una pista?».
- «Se necesita valor para hacer algo nuevo».
- «No he formulado bien la pregunta. Déjame reformularla».

- «Una de las mejores formas de aprender es cometiendo errores».
- «Sabes cómo hacerlo. ¿Quieres que te ayude a empezar?».
- «Es una idea interesante. No había pensado en eso. Gracias».
- En algunas situaciones, simplemente di «gracias».
- Después de dignificarlo, aclara el malentendido del niño.

Una sonrisa anima. Casi desde el principio, la mayoría de los bebés y niños pequeños responden a una cara sonriente y a un «¡sí!» alegre. Del mismo modo, un ceño fruncido y un «no» enfadado no resultarán cariñosos ni alentadores para un bebé, un niño pequeño o un adolescente. De hecho, la sensibilidad hacia sus expresiones faciales y tono de voz continúa en la edad adulta.

Historia: Respete a los bebés

Después de bañarse y ponerse ropa limpia, la nueva bebé de nuestro nieto vomitó sobre su camiseta limpia. Nuestro nieto sostuvo a la bebé, de modo que quedaron cara a cara.

Mientras miraba su pequeño rostro, le dijo: «No pasa nada, Daisy. No has hecho nada malo. Papá puede conseguir otra camiseta limpia». Aunque no entendía las palabras de su padre, la bebé se sintió segura. Con el tiempo, las palabras cobrarán sentido. Mientras tanto, los padres de la bebé pueden asegurarse de no rechazarla ni hacerla sentir tonta. Desde el nacimiento, los padres pueden inculcarles a los bebés un sentimiento de seguridad asegurándoles que los aceptan por completo.

Evite decir «¡es fácil!»

Los adultos suelen decir, erróneamente, «esto es fácil». Olvidamos que una habilidad que nos llevó años desarrollar era difícil cuando nuestros dedos eran torpes y los pasos no estaban claros. La sugerencia de que una habilidad será fácil de dominar tiene como objetivo fomentar la confianza. Desgraciadamente, si la tarea resulta difícil para un niño, esas palabras implicarán «¿Qué te pasa? Debes de ser tonto». En su lugar, acepte el miedo del niño ante una nueva tarea diciendo: «Esto es difícil. A muchos niños les cuesta dominarlo. Si no lo consigues a la primera, pídeme ayuda». Los ejemplos que se muestran a continuación van desde aprender a caminar hasta dominar los sonidos de las letras.

- Al ver que su hijo pequeño se cae, usted le dice: «Caminar es difícil. Sé que pronto aprenderás a hacerlo. Inténtalo de nuevo».

- «Comer solo no es fácil. Estás empezando a hacerlo bien y pronto podrás hacerlo».
- «No pasa nada si se mojan tus braguitas nuevas. Estás aprendiendo una nueva habilidad. Al principio, a todo el mundo le cuesta».
- «Leer es una habilidad de adultos. Estás progresando muy bien».
- «Las matemáticas son un reto para mucha gente. ¿Quieres que te ayude? No haré el trabajo por ti, pero quizá pueda responder a algunas de tus preguntas».
- «Montar en bicicleta sin ruedecitas da miedo. ¿Quieres que corra a tu lado al principio? Sé que pronto conseguirás montar con equilibrio».

Historia: Una lección del béisbol

Entrenador: «Golpear la pelota es fácil. Solo tienes que mantener la vista en la pelota. Si sigues mirando directamente a la pelota, el bate la golpeará automáticamente».

El niño se pregunta: «¿Qué significa mantener la vista en la pelota? ¿En qué momento debo dejar de intentar ver la pelota?»

Después de que el niño vuelve a batear y falla, el entrenador le grita: «¡Vaya! ¿Por qué no haces lo que te digo?».

El niño piensa: «Me siento tan desesperado. Simplemente no puedo hacer deporte y voy a dejar de intentarlo».

Una situación puede parecer fácil para un adulto, pero eso no significa que sea fácil para un niño que está en proceso de aprendizaje. Después de decirle que la tarea es fácil, ¿el hecho de no tener éxito indica que el niño es incompetente? En lugar de decir que una tarea o una respuesta es fácil, declare con firmeza lo siguiente: «Esto es complicado; a mucha gente le cuesta dominarlo».

Para que los niños crezcan emocional y cognitivamente, deben recibir retroalimentación. Los padres y abuelos, que suelen ser los primeros maestros del bebé, pueden proporcionar orientación junto con una base sólida de autoestima al reconocer con sinceridad que dominar nuevas habilidades puede resultar difícil.

Evite avergonzar a un niño

Los maestros y los padres suelen pensar que están ayudando al pedir a un compañero que comparta la respuesta con un niño que está desconcertado. Parece muy sencillo. María no sabe la respuesta. ¿Por qué no pedirle a Juan que la ayude?

La respuesta rápida y fácil de Juan puede avergonzar a María. Él tiene su misma edad.

Están en el mismo grupo. ¿Por qué María no sabe la respuesta que Juan ha aprendido? Si María no sabe lo que Juan ha aprendido, ¿qué sugiere eso sobre María?

Por fortuna, hay al menos una forma de involucrar a los niños en ayudar a otros niños sin avergonzar a nadie. En lugar de poner el foco de interés en María y Juan, pida a todos los presentes que trabajen con un compañero para encontrar una buena respuesta a la pregunta. Por ejemplo, diga: «Todos, incluidos María y Juan, diríjanse a alguien cercano a ustedes y discutan esta misma pregunta difícil. Trabajando juntos, veamos cuántas buenas respuestas podemos considerar».

El objetivo es reducir cualquier estigma hacia María si ella no sabe la respuesta. Puede que María la sepa, pero sea demasiado tímida para decirla. Cuando todos los niños hablan con sus compañeros, nadie es estigmatizado y todos participan en el aprendizaje.

Redirija hacia el comportamiento deseado

Cada vez que distrae a un bebé y centra su atención en algo diferente, ha redirigido su comportamiento. Por ejemplo, puede decir: «Puedes pintar en una hoja de papel en lugar de pintar las paredes. Te traeré papel para que hagas tus dibujos».

Habrá ocasiones en las que simplemente querrá que le preste atención, que mire un dibujo o que juegue con un juguete. A veces, cuando Daisy y yo interactuamos por FaceTime, voy al piano y toco algunas notas. Cuando Daisy levanta la vista, le pregunto:

«Daisy, ¿te gustaría coger tu guitarrita o tu armónica y ayudarme a hacer música?».

Los acordes del piano redirigen su atención para que pueda centrarse en una nueva actividad. Después de escuchar el piano, su carita se gira hacia la cámara y, por lo general, se aleja tambaleándose para buscar sus instrumentos musicales. Y lo que es más importante, si vemos que se dirige hacia un peligro, podemos redirigir su atención hacia una zona más segura.

Ejemplos de formas de redirigir la atención

La risa a menudo puede ayudar a un niño a salir de un estado emocional negativo.

- «Vamos a tomar un descanso. Podemos caminar unos minutos hasta que te sientas tranquila de nuevo».

- Diga: «Tengo una buena idea. ¡Hagamos !». Esta frase puede desviar su atención de un sentimiento negativo y despertar su interés por su nueva idea. ¡Piense rápido!

- La música o los sonidos rítmicos redirigen a algunos bebés y niños. Jugar al escondite a menudo desviará su interés hacia usted.

- Pregúntele «¿Dónde está tu (su juguete favorito)?» puede llamar su atención.

- Salir al aire libre suele redirigir un estado de ánimo negativo.

- Si un bebé tiene sed o hambre, satisfacer esta necesidad le ayudará a volver a centrar su atención.

Historia: Redirigir el comportamiento

Una tarde, Daisy, sus padres y yo estábamos jugando en nuestro patio trasero. En cuanto Daisy vio la piscina, sus grandes ojos marrones se iluminaron y sus pasos torpes se aceleraron. Con una amplia sonrisa decidida y sus coletas de pelo rizado balanceándose, sabía exactamente dónde iba. Aunque sus padres fueron lo suficientemente rápidos como para atraparla, yo también agité un cubo lleno de varios objetos para llamar su atención.

«Daisy, vamos a tirar estas cosas al agua».

Después de hacerle una demostración con una piedrecita, metió la mano en el cubo y sacó un trocito de madera. «¿Crees que la madera flotará en el agua o se hundirá hasta el fondo?», le pregunté. (En ese momento, solo quería desviar su atención para que no saltara o se cayera a la piscina. Más tarde, ella y yo exploraríamos muchas veces las cosas que se hunden y las que flotan).

Cuando Daisy empieza a tener una rabieta, queremos redirigir sus sentimientos antes de que pierda el control. Actuar rápidamente tiene más posibilidades de redirigirla que esperar hasta más tarde.

Se redirige el comportamiento cada vez que se desvía la atención de un niño de lo que no se quiere que haga hacia un lugar más seguro o un comportamiento más deseable. Al cambiar la atención, normalmente se pueden alterar los sentimientos y cambiar el comportamiento.

La relación entre la dieta y el comportamiento

Establecer y mantener la concentración se convierte en una habilidad importante para la vida escolar y laboral. Un artículo escrito para niños hiperactivos recomienda un cambio en la dieta para ayudar a mejorar la concentración. El artículo afirma que «la dieta y el comportamiento van de la mano». Se recomiendan los siguientes alimentos.

- Nueces (omega 3)
- Pasteles de cangrejo (zinc) para niños que no son sensibles a los crustáceos
- Plátanos (magnesio)
- Espinacas (hierro)
- Cítricos (vitamina C)
- Mantequilla de cacahuete (proteína) para niños que no son alérgicos al cacahuete

Cuando sepa que su bebé tiene sed o hambre, lo primero que debe hacer es satisfacer sus necesidades básicas. Sin embargo, si no es hora de darle el biberón o la comida, evite utilizar la comida como recompensa o castigo para cambiar su comportamiento. Evite especialmente utilizar el azúcar para llamar su atención o alterar sus sentimientos. Sentirá la tentación de darle un caramelo a su bebé para que deje de llorar. Aunque algo dulce desviará su atención, utilizar la comida para cambiar su comportamiento puede provocar trastornos alimenticios más adelante.

Cuando y cómo empezar con la retirada del pañal

Saber cuándo y cómo empezar a enseñar a ir al baño puede ser complicado. Esté atento a los siguientes comportamientos.

- Su hijo se da tirones del pañal mojado o sucio, o de su braguita de aprendizaje.
- Puede que empiece a esconderse cuando necesite hacer sus necesidades.
- También puede interesarle observar e incluso imitar cómo otros miembros de la familia utilizan el baño.
- Cuando su hijo comience a despertarse seco después de la siesta, póngalo inmediatamente en su orinal. Despertarse seco indica que está físicamente preparado.
- Si le dice que necesita ir al baño o le hace saber que acaba de hacerlo, le está comunicando que es hora de comenzar el proceso de enseñanza.

Antes de empezar con el entrenamiento para ir al baño, tenga a mano lo esencial, incluyendo pañales de entrenamiento o pantalones de entrenamiento y un orinal o un adaptador de asiento de inodoro para niños que se coloca encima de un asiento normal. Tener un orinal pequeño o una silla con escaloncitos puede darle más confianza que dejar que sus piernecitas cuelguen en el aire. Si es posible, deje que el niño ayude a elegir su orinal o asiento. Si el orinal no funciona, pruebe con otro tipo. Algunas de las herramientas a tener en cuenta son:

- Asientos acolchados para el orinal
- Asientos de inodoro con asas para mayor seguridad
- Asientos abatibles que se quedan en el inodoro (por lo que solo hay que bajar el asiento)
- Asientos con escalones incorporados
- Braguitas de aprendizaje o pantalones de entrenamiento
- Toallitas desechables
- Jabón de diferentes colores o espumoso, que puede resultar más interesante
- Libros para mantener la atención.
- Hojas de papel o cuadernos para dibujar

Los expertos afirman que el tipo de asiento no importa si el niño muestra interés. Mientras compra asientos para el orinal con su hijo, considere examinar ropa interior para niñas o niños mayores para su uso posterior. Para algunos niños, comprar ropa interior para niños o niñas mayores se convierte en un factor motivador. Ponerse ropa interior de más mayor puede generar una sensación positiva de crecimiento.

Cuando su hijo esté listo para aprender lo básico sobre el uso del baño, puede decirle: "Necesito ir al baño. ¿Quieres venir conmigo?». Si le acompaña, aproveche la oportunidad para describirle cada uno de los pasos que hay que seguir. Si su hijo tiene un orinal pequeño independiente, puede invitarle a que le acompañe en cada paso del proceso. Puede jugar a «¿Puedes hacer lo que yo hago?».

Invite a su hijo a sentarse en su orinal. Aunque no vaya bien, le estará sugiriendo una nueva idea interesante en el proceso de crecimiento. Para animarle a sentarse, guarde una colección de libros nuevos en el armario del baño. Saque uno cada vez. Prepárese para jugar a juegos sencillos, hacer pompas, cantar canciones o hacer rompecabezas fáciles. Incluso puede ser un buen momento para animarle a ver un vídeo en la tableta.

Si enseña a un niño a ponerse de pie en el inodoro, puede tirar algunos objetos pequeños solubles en el agua de la taza e invitar al pequeño a golpear uno de ellos. Un nieto aprendió a bajarse los pantalones y «regar» los arbustos del jardín. Su preocupada madre se preguntaba por qué nunca se mojaba fuera, pero no iba igual de bien en casa. Afortunadamente, con el tiempo captó la idea y sus padres y abuelos celebraron su éxito.

Tipos de personalidad y el entrenamiento para ir al baño

Conocer la personalidad de su hijo puede ser útil a la hora de enseñarle a ir al baño. Los distintos tipos de personalidad que hay que tener en cuenta son: cauteloso, deseoso de complacer, libre, enérgico y tímido. Por supuesto, los niños suelen sorprender a sus padres y abuelos. En cuanto usted diga «mi hijo es tímido», puede que se convierta en un niño libre o enérgico. Nadie, a ninguna edad, permanece igual. Espere que se produzcan solapamientos entre los distintos tipos, así como cambios repentinos.

A continuación, encontrará ligeras variaciones en la comunicación que puede utilizar para cada uno de los tipos.

El niño cauteloso

Los niños cautelosos se fijan en todo. Por lo general, este tipo de niños quieren estar limpios y suelen avisar cuando tienen el pañal mojado o sucio. Probablemente, a este niño le resulte interesante ir a comprar artículos para el control de esfínteres. Algunas sugerencias para enseñar a un niño cauteloso son:

- Permita que su hijo le acompañe al cuarto de baño y lo explore.

- Explique a su hijo paso a paso cómo se utiliza el inodoro. Explíquele todos los elementos y examine los artículos que ha comprado para esta ocasión. Más tarde, pregúntele al niño qué ha aprendido.

- Ayude a su hijo a celebrar sus nuevos conocimientos y pequeños logros con choques de puños o de manos.

- A este tipo de niños les encanta aprender y su constancia pronto les llevará al éxito.

<u>Niños deseosos de complacer</u>

Los niños que buscan complacer a los adultos de su entorno están ansiosos por aprender cualquier habilidad propia de niños mayores. Algunas ideas para ayudar a comunicarse con ellos son:

- Muestre entusiasmo y ganas por el aprendizaje de su hijo para ir al baño.

- Vayan juntos al baño tan a menudo como sea posible.

- Mantenga una actitud positiva y alentadora hacia sus esfuerzos.
- Haga hincapié en que los pañales de entrenamiento están pensados para enseñarle a ser una niña mayor.
- Si decide utilizar recompensas, este tipo de niño puede responder bien a algún pequeño obsequio.

Niños de espíritu libre

Los niños de espíritu libre quieren jugar y explorar. La curiosidad y la exploración pueden parecerles mucho más interesantes que usar el orinal. Es posible que no estén dispuestos a sentarse y esperar durante mucho tiempo. Aunque al principio puedan estar emocionados, es posible que tenga que esperar al momento en que estén listos para usar el orinal.

Puede ayudarle con el entrenamiento para ir al baño utilizando algunas de las ideas que se indican a continuación:

- Haga que ir al orinal sea una actividad divertida llevando peluches o muñecas al orinal.
- Cuando lo intente, puede decirle: «Esto es emocionante. Vamos a animarla todos». Los vítores y los aplausos pueden despertar su entusiasmo por la diversión.

- Ponga algunos de sus libros favoritos cerca del orinal. Léale o anímela a entretenerse mirando las imágenes.

- Compre un cuaderno pequeño y algunos rotuladores o lápices de colores para que pueda garabatear mientras espera.

- Juegue con ella mientras esperan.

- Relájese y diviértase.

- Recuérdele que tire de la cadena y se lave las manos con jabones interesantes. Estará tan ansiosa por jugar que puede que se le olvide.

- Recuérdele que llevar pañales de entrenamiento o braguitas de aprendizaje le dará más libertad que los pañales normales.

<u>Niños con mucha energía</u>

A los niños con mucha energía no les suele interesar parar para usar el orinal. Lo suyo es la aventura. ¿Las braguitas de entrenamiento están mojadas? No hay problema. ¿Están llenas de caca? No le importará. Por lo general, estará demasiado ocupada como para darse cuenta. A continuación se ofrecen algunas ideas para enseñar a un niño con mucha energía:

- Omita todos los detalles adicionales; está ocupada y no tiene suficiente paciencia para escuchar.

- Empiece con un juego nuevo o favorito que se pueda utilizar durante el tiempo del orinal.
- Haga hincapié en los cambios rápidos con pañales de entrenamiento o braguitas de aprendizaje en lugar de pañales.
- Ayúdela a tomar conciencia de su propio cuerpo. Pregúntele: «¿Cómo se siente tu cuerpo cuando necesitas ir al baño?». Tendrá que ayudarla a articular las palabras adecuadas.
- Asegúrese de que tenga mucho tiempo para jugar, de modo que cuando llegue la hora de ir al baño, pueda relajarse y tomarse el tiempo necesario para sentarse.
- Póngale un vídeo corto en un iPad para animarla a dejar de jugar durante unos minutos.

El niño tímido

Si su hijo tiene una personalidad tímida y reservada, probablemente se sentirá satisfecho con dejar las cosas de la manera . De hecho, es posible que se resista al entrenamiento para ir al baño. Las sugerencias que se enumeran a continuación pueden ayudar a superar su resistencia.

- Es posible que su hijo necesite más tiempo para aceptar gradualmente el concepto de retirada del pañal.

- Cuando le explique el entrenamiento para ir al baño, mantenga una conversación informal. Permítale ver a otros familiares demostrando buenos hábitos en el baño.

- Anímelo a aceptar la idea de convertirse en un niño mayor. Recuérdele las ventajas de aprender nuevas habilidades propias de los niños mayores.

- Nunca le obligue a hacer nada relacionado con el uso del orinal. Si le presiona demasiado, se volverá más tímido y resistente.

- Sea siempre coherente con lo que dice y hace. Desarrolle una rutina y cúmplala.

Enseñe a su hijo a comprender su cuerpo

Por lo general, cuando note que su hijo se mueve, se agacha, se esconde o cruza las piernas, reconocerá que es un momento propicio para enseñarle. El truco consiste en conseguir que aprenda a interpretar su propio cuerpo lo suficientemente bien como para reconocer las señales. Una madre le preguntaba con frecuencia: «¿tienes que ir al baño?». También le hacía reflexionar a su hija que se estaba moviendo. «Cuando te mueves, ¿crees que eso significa que necesitas ir al baño?». Pregúntele con frecuencia.

Cuando un niño necesita ir de vientre, a menudo expulsa gases. Una vez más, los padres pueden aprovechar este momento para enseñarle algo. Modele la situación diciendo: «Me siento lleno y acabo de expulsar gases. Creo que tengo que ir al baño».

Elogie siempre a su hijo por intentarlo. Cada intento lleva a su hijo en la dirección correcta. Celebre los éxitos con él. También puede poner una alarma cada 30 minutos para ayudar a su hijo a adquirir el hábito.

Recuerde que si el cuerpo de su hijo no está preparado, sus recordatorios, ejemplos y ánimos no le ayudarán con el aprendizaje para ir al baño. Si tiene un cuidador, enséñele a decir y hacer exactamente lo mismo que usted. Todas las personas involucradas deben utilizar frases de ánimo como: «Has hecho pipí en el orinal. Puedes estar orgulloso de ti mismo».

Historia: El entrenamiento para ir al baño no es momento para el asco

«Abuela, ¿te gusta mi caca?», preguntó Lane, de tres años, al entrar en la cocina.

«Lane, me encanta todo de ti».

Lane: «¿Quieres a mi caca lo suficiente como para ayudarme a limpiarla?».

«Por supuesto que sí», respondí mientras apagaba el fogón y me dirigía al baño cogido de su manita.

De camino, vi unas manchas marrones en la nueva alfombra blanca del dormitorio principal. Sin decir nada, pensé: «Bueno, qué más da».

Afortunadamente, tanto Lane como la alfombra se limpiaron fácilmente y no sufrieron ningún daño. Ese recuerdo de la confianza y la inocencia de un niño pequeño permanece. Ninguna asociación con el asco puede ser útil a la hora de enseñar a ir al baño.

Aprendizaje nocturno para ir al baño

Una vez que su hijo se mantiene seco todo el día, es lógico suponer que también está listo para mantenerse seco toda la noche. Desafortunadamente, esto no siempre ocurre de forma automática. La vejiga necesita tiempo para crecer y los cuerpos pequeños necesitan desarrollar una ralentización nocturna en la producción de orina, lo que ocurrirá en algún momento entre los dos y los siete años. Hasta que el cuerpo de su hijo haya desarrollado estos cambios, deberá ser paciente.

La sequedad nocturna está relacionada con la genética más que con los rasgos de personalidad. Además, la profundidad del sueño de su hijo marcará la diferencia. Establecer una rutina fiable podría ayudar.

Cree un horario para irse a la cama llevando a su hijo al orinal 30 minutos antes de acostarse y de nuevo justo antes de acostarse. Póngale un pañal nocturno. Puede comprar este producto para niñas o niños.

Este producto está diseñado para absorber más orina. Su rutina puede incluir un cuento antes de acostarse, una dulce canción de cuna o un repaso de las actividades del día mientras su hijo se prepara para dormir.

Limite la cantidad de líquidos que toma antes de acostarse. No utilice biberones ni vasitos con boquilla en la cama por la noche.

Mantenga una luz nocturna encendida en el baño. Anime a su hijo a ir al baño cada vez que se despierte por la noche. Cree un camino claro y despejado desde su cama hasta el baño.

Cuando su hijo se despierte por la mañana, enséñele a ir directamente al baño. Recuérdeselo siempre: «Cuando te despiertes, ve directamente al orinal».

Compre camisetas lo suficientemente largas como para cubrirle el cuerpo por debajo de la cintura. Quítele la ropa de la cintura para abajo. No confíe en los pañales o los calzoncillos entrenadores para recoger el pis o la caca.

Si su hijo moja la cama, mantenga una actitud positiva; la paciencia será clave.

Por último, escuche los consejos de los demás, pero tenga en cuenta que cada niño es diferente. La Academia Americana de Pediatría nos dice que el 20 % de los niños de cinco años, el 10 % de los niños a los siete años y el 5 % a los diez pueden seguir mojando la cama.

Si le preocupa que su hijo pase la noche sin manchar las sábanas y el colchón, añada protectores de colchón. Una vez que su hijo permanezca seco durante toda la noche, puede dejar de usar los pantalones de entrenamiento nocturnos y empezar a usar ropa interior normal.

Una vez su hijo se despierte seco al menos cinco mañanas, puede hablar con él sobre dejar de usar pañales por la noche y empezar a usar ropa interior y pijama.

Puede decirle: «Tu cuerpo no necesita orinar tan a menudo como cuando eras más pequeño. ¿Te gustaría dormir en ropa interior o pijama esta noche?».

Allison Jandu, consultora de entrenamiento para ir al baño, comparte ideas para enseñar a ir al baño en tres días. Sus pautas para saber cuándo empezar incluyen las siguientes ideas:

- Mantenerse seco durante las siestas y durante más tiempo durante el día indica que está preparado.

- Cuando su hijo pida un pañal seco, sabrá que ha llegado el momento.

- Esconderse para hacer sus necesidades puede ser un indicador.

- Querer imitar a los adultos demuestra que está preparado.

Tanto la comunicación verbal como la no verbal proporcionarán indicios de que está preparado. Jandu sugiere que la edad media para el control de esfínteres es de entre 22 y 28 meses. Haga todo lo posible por comenzar el control de esfínteres cuando la vida sea tranquila. Jandu recomienda elegir un fin de semana o un periodo de tres días en el que los padres puedan dedicarse al control de esfínteres. Esto requerirá que renuncie a tiempo para cocinar, limpiar o visitar a amigos o familiares. Durante estos tres días, haga lo siguiente:

- Utilice alfombrillas de baño con base de goma para proteger los muebles tapizados o las alfombras de calidad de posibles accidentes.

- Nunca le dé mucha importancia a un accidente.

Si un bebé moja el suelo, dígale con naturalidad: «Has hecho pis en el suelo. No pasa nada. Lo limpiaremos. El pis se hace en el orinal. La caca también se hace en el orinal». Los bebés aprenden de los accidentes.

Aunque Jandu y otros recomiendan pequeños incentivos, puedes lograr el mismo éxito animando, aplaudiendo, agradeciendo y permitiendo que el bebé eche el pis o la caca en el inodoro grande antes de animarle a tirar de la cadena. La recompensa de sentirse exitoso puede ser incluso más importante que una pegatina. Evite usar caramelos como recompensa. A continuación, encontrará los pasos a seguir al comenzar la experiencia de aprendizaje de tres días:

1. Tan pronto como el bebé se despierte, cámbiele el pañal mojado. Pídale al bebé que tire el pañal mojado mientras dice «adiós».
2. Vista a su bebé con una camiseta grande sin pañal ni braguitas de aprendizaje.
3. Dele el desayuno y una bebida extra.
4. Llévelo al baño inmediatamente. Con suerte, los líquidos adicionales le ayudarán a orinar.
5. Pasen esos días en casa leyendo, viendo dibujos animados, haciendo rompecabezas y dibujando.

6. Tenga a mano un vaso con boquilla lleno de agua para él.
7. Cada 15 minutos, lleve a su hijo al orinal.
8. Después de la cena y cerca de la hora de acostarse, deje de darle líquidos.
9. Llévelo al orinal 30 minutos antes de acostarse y una última vez antes de meterlo en la cama.
10. Repita la misma rutina dos días más.

Mantenga la calma cuando se produzcan accidentes. Todos aprendemos más de nuestros errores que de nuestros logros. Una vez que note que tiene éxito en casa, pruebe con salidas sencillas, como paseos o picnics. Durante la salida, haga paradas frecuentes para ir al orinal. También debe preparar una bolsa con los siguientes artículos:

- Dos mudas de ropa.
- Toallitas
- Toallas de papel o toallas absorbentes para limpiar los accidentes
- Desinfectantes de manos
- Notas adhesivas para colocar sobre los sensores de descarga automática de los baños públicos

Utilizar las opciones para enseñar

Soy una firme defensora de ofrecer opciones. Hay ocasiones en las que ofrecer opciones puede suavizar una situación desagradable y resolver conflictos. Además, las opciones que no suponen ninguna diferencia para usted pueden hacer que un niño pequeño se sienta empoderado.

Consideraciones previas

Algunas opciones merecen la sabiduría que solo un adulto tiene. A veces, los padres dan demasiado poder a los niños que carecen de la experiencia y los antecedentes necesarios para tomar decisiones acertadas. Sus hijos dependen de usted para mantenerlos a salvo tomando decisiones en áreas que están más allá de su madurez, como la salud y las finanzas. Como con todas las buenas ideas, deben prevalecer el equilibrio y el sentido común.

Incluso los niños pequeños disfrutarán participando en las conversaciones sobre las vacaciones familiares. Aunque las ideas de los niños para divertirse serán bienvenidas, los padres deben ser los que determinen la cantidad de dinero que se gastará, cuándo se tomarán las vacaciones, cuánto tiempo durarán, la ruta que se seguirá y los arreglos para el alojamiento. Demasiado poder demasiado pronto en la vida puede resultar abrumador y aterrador.

Por lo tanto, la diferencia entre ser un guía parental y un guía autoritario requiere un delicado equilibrio entre respetar los pensamientos y preferencias de los niños, incluso mientras se les protege en áreas que están más allá de su capacidad de discernimiento. Preguntar «¿Quieres montar en la noria ahora o bajar primero por el tobogán?» se percibirá como una opción respetuosa y empoderante para ofrecer a un niño. Compare este nivel de elección con la decisión de tomarse dos semanas o un mes de vacaciones. La última decisión requiere más información de la que un niño, incluso un adolescente, puede acceder. Permita que el niño tome decisiones adecuadas para su joven cerebro. Se sentirá respetado al iniciar un camino que cobrará importancia a medida que madure. Las decisiones importantes que afectan al bienestar de toda la familia corresponden a los padres.

La crisis de los dos años y las decisiones positivas

Su bebé llegará a una etapa que a menudo se conoce como la crisis de los dos años o «los terribles dos años». Aunque pueda sentir la tentación de estar de acuerdo con la frase, resístase. En esa edad, comenzará a comprender el concepto de su independencia. Su actitud cambiará a «¡Yo, yo!», «Yo lo hago». Para proclamar esta nueva idea, rechazará muchas de sus ideas. (Esta etapa se parecerá a una rebelión adolescente en tamaño de bebé. La «a-dos-lescencia» que se le llama de manera informal. Piense en esta etapa de desarrollo como un anticipo de lo que florecerá más adelante).

Por ejemplo, si le pregunta: «¿Quieres zumo?», probablemente dirá que no, incluso si agarra el vaso. Puede evitar el conflicto si le ofrece opciones como: «¿Quieres zumo de manzana o de naranja?».

Evite preguntar: «¿Quieres dormir con una manta?». En su lugar, pregunte: «¿Quieres la manta azul o la verde?».

En lugar de preguntar: «¿Quieres darle un chupete a tu muñeca?», pruebe con: «¿Tu muñeca quiere un chupete o un biberón? ¿Qué opinas?».

Continúe considerando los ejemplos adicionales que se muestran a continuación:

- «¿Quieres cambiarte el pañal estando en la cama o de pie en el suelo?»
- «¿Qué juguetes quieres para el baño?»
- «¿Jugamos dentro o prefieres salir al jardín?»

Tenga en cuenta que, aunque ninguna de las opciones le importe, la oportunidad de expresar una preferencia mejora el desarrollo personal de su hijo. Expresa el mensaje con un tono positivo diciendo: «Tienes dos opciones...». La idea de elegir también le resultará útil en el futuro. Cuando trabaje con niños mayores, quizá quiera modificar la frase diciendo:

«Puede hacer _____ o _____. Usted decide. ¿Qué elige?».

¿Qué pasa si rechaza sus opciones?

Tarde o temprano, rechazará sus dos opciones totalmente razonables. Le pregunta: «¿Quieres fruta o una galleta salada con queso?». Ella responde: «¡No! Galletas».

¡Vaya! ¿Y ahora qué? Es hora de pensar como padre crítico. Pregúntese: «¿Está bien darle una galleta o estoy cediendo?». Habrá ocasiones en las que pueda decir con sinceridad:

«Gracias por la buena idea. Te traeré una galleta».

Por lo general, su nueva petición será una idea que no apruebas. Su criterio sobre lo que es mejor para su bebé prevalecerá sobre su deseo de paz. A continuación encontrará una secuencia a tener en cuenta. Adáptela según sea necesario a su situación.

Ofrezca dos opciones. Si su hijo tiene una tercera idea que le gusta, acéptela y dele las gracias.

Si rechaza su idea, dígale con firmeza: «Tomar una galleta no es una de tus opciones. Tus opciones son queso y galletas saladas o fruta. Tú eliges».

Deténgase después de repetirlo un par de veces. Este puede ser un buen momento para redirigir su atención hacia una nueva posibilidad, como dar un paseo o buscar un libro para leer juntos.

Conflictos entre la seguridad y la aventura

Aproximadamente a los nueve meses, la edad en la que los bebés suelen empezar a gatear, intentará ir tras lo que quiere. Su nueva movilidad invita al peligro potencial. Gatear y luego dar sus primeros pasos, lo que ocurre entre el primer y el tercer año, abre nuevas posibilidades de peligro. En su esfuerzo por mejorar sus habilidades, puede actuar de formas que puedan parecer traviesas. Una vez que nuestra bisnieta empezó a dar pasos lo suficientemente bien como para desplazarse de un lugar a otro, buscó la aventura (y tal vez incluso un poco de intriga con el peligro). Una tarde, en FaceTime, vi cómo se desarrollaba la siguiente historia. Daisy y su madre estaban jugando en el patio cuando Daisy se interesó mucho por su mecedora.

Daisy entendió que su mamá quería que se quedara sentada en su pequeña mecedora. A Daisy no le interesaba mucho sentarse. En lugar de sentarse en la silla, se puso de pie, erguida y alta, mientras sonreía con orgullo. Sus ojos marrones brillaban. Todo su cuerpo transmitía en silencio: «¿Ves lo que puedo hacer? ¿No es maravilloso?».

En lugar de decir: «Daisy, eres una niña mala por ponerte de pie en tu mecedora», su madre le dijo que quería que se sentara en la mecedora. Mamá siempre había tenido mucho cuidado de mantener a Daisy a salvo. Al ver a su pequeña de pie con orgullo, Margie se dio cuenta de que tenía una niña aventurera. ¿Qué lograría decirle «niña mala» a una niña cuyo entusiasmo por aprender supera su comprensión de los peligros? ¿Querían sus padres desanimarla en su entusiasmo por dominar nuevas habilidades? Creo que no. Y, sin embargo, sus padres tenían que mantenerla a salvo.

Ofrecer opciones ayuda en situaciones en las que los riesgos son mínimos. Oí a Margie decir: «Daisy, puedes elegir. Puedes ponerte de pie en la silla cuando yo esté lo suficientemente cerca como para sujetarte del brazo. Si quieres usar la mecedora tú sola, tendrás que sentarte. Tú eliges».

Unos días más tarde, Margie se dio cuenta de que Daisy se subía a la mecedora sin esperar a que Margie la protegiera. Margie le explicó una consecuencia lógica diciendo: «Daisy, has decidido subirte a la silla cuando yo no estaba cerca. Eso significa que tendremos que guardar la mecedora durante un tiempo. Podemos volver a intentarlo más tarde». Esta consecuencia era lógica.

Al carecer de las palabras adecuadas (y de la comprensión de sí misma), Daisy comunicó de forma no verbal: «Quiero aventura. Quiero hacerlo yo sola y sentirme orgullosa de mi logro».

¿De qué otra manera puede hacer saber a sus padres que está convencida de que necesita esta sensación de logro? Los niños pequeños son niños pequeños y se comunican lo mejor que pueden. Aunque los padres deben establecer límites, el comportamiento de un niño nunca debe etiquetarse como bueno o malo.

Historia: Un conflicto entre hermanos

Cuando nuestros dos nietos mayores eran bebés, ambos vinieron a pasar la tarde con nosotros. Dalton, de dieciocho meses, estaba sentado felizmente masticando su juguete.

Su hermano mayor, Lane, de tres años, pasó corriendo y le arrebató el juguete de las manos. Por supuesto, el pequeño Dalton empezó a llorar. Le dije: «Tenemos un problema. Dalton está llorando. Estaba jugando con un juguete y tú se lo has quitado». Continué preguntándole:

- «¿Cómo podemos resolver esto?».
- «¿Hiciste una buena elección cuando le quitaste el juguete a tu hermano?».
- «¿Tu decisión te hizo sentir feliz?».
- «Tus decisiones te ayudarán a sentirte triste o feliz. Depende de ti. De cualquier manera, te quiero».

A Lane, que jugaba felizmente con el juguete, no le importaba en absoluto que la cara de su hermano se hubiera puesto roja y ahora estuviera llena de lágrimas. Al darme cuenta de que, además de no importarle, Lane no tenía ninguna idea sobre cómo arreglar la situación, le di algunas sugerencias.

- «Podrías jugar con otro juguete».
- «Podrías ofrecerle un juguete nuevo a Dalton».
- «Podrías jugar con el juguete juntos».

¿Eligió Lane alguna de mis sugerencias? No, no lo hizo. No esperaba que se interesara en reparar los sentimientos de su hermanito.

Rápidamente le dije: «Si no podemos resolver esto, guardaré este juguete durante un tiempo».

Indicar que no iba a quedarme con el juguete redujo la preocupación. Como maestra novata, una vez cometí el error de decir que me quedaría con un objeto para siempre. El niño de primer grado al que pertenecía el objeto se sintió muy triste y montó una gran escena. Después de eso, siempre aclaré que no me quedaría con ningún objeto durante mucho tiempo.

Aunque con el tiempo su hijo será capaz de pensar en formas de resolver el problema, necesitará su orientación durante mucho tiempo.

Las elecciones se convierten en herramientas de enseñanza

Las opciones empoderan. Haga todo lo posible por ofrecer opciones que sean aceptables tanto para usted como para su hijo. Si sugiere una opción que sabe que su hijo rechazará, tenga en cuenta que no le ha ofrecido ninguna opción real. Las opciones sencillas que no le importan pueden parecer importantes para un bebé o un niño pequeño. Siempre que pueda, ofrezca opciones que no supongan ninguna diferencia para usted. Hágalo para empoderar a su hijo. Considere los siguientes ejemplos para bebés:

- «Puedes elegir entre comer solo o que yo te dé de comer. Tú decides».
- «Puedes jugar con este juguete o buscar otro. Tú decides».
- «¿Te gustaría dibujar mientras te leo o prefieres sentarte quieto y escuchar?» (Mi experiencia con los niños me indica que garabatear mientras escuchan aumenta su comprensión del mensaje).
- «Podemos jugar juntos o puedes jugar solo».

Si le ofrece opciones, deberá aceptar las preferencias de su hijo. Si no lo hace, se sentirá irrespetuoso con él.

Cuando su hijo sea más mayor, las opciones pueden incluir alternativas como las que se enumeran a continuación. Habrá ocasiones en las que su aspiración no sea una de las opciones que usted puede ofrecer. Por ejemplo, atropellar al perro de la familia con un camión de juguete no es una opción. Sin embargo, puede elegir jugar con el perro con delicadeza o puede elegir jugar en su tienda imaginaria. Al leer las ideas que se indican a continuación sobre cómo ofrecer opciones a un niño en edad escolar, observe que no se ofrece la opción de hacer la tarea.

- «Puedes hacer los deberes ahora o después de comer».

- «Puedes estudiar en tu escritorio o, si lo prefieres, en la mesa de la cocina».

- «¿Te gustaría tomar un tentempié mientras lees tu libro? Tú decides».

- «A algunas personas les gusta escuchar música instrumental de fondo cuando estudian. Puedes elegir entre escuchar música o trabajar en silencio».

EL PRÓXIMO FOLLETO INCLUIRÁ LA CRIANZA CON CONSECUENCIAS.

Bibliografía

Buscaglia, L. (1982). *Living, loving and learning.* Charles B. Slack.

Coldquads. (2013, October 3). *Baby's conversation with grandmother* [Vídeo]. YouTube. https://www.youtube.com/watch?v=9gsjGAW18rk

Coping Skills for Kids. (n.d.). *Deep breathing exercises.* Coping Skills for Kids. https://copingskillsforkids.com/deep-breathing-exercises-for-kids

Dann, L. (n.d.). *Three reasons to avoid saying, "I'm proud of you."* Parent Skills. https://www.parentskills.com.au/blog/three-reasons-avoid-saying-im-proud-you

Dannemiller, S. (2015). *The year without a purchase: One family's quest to stop shopping and start connecting* (p. 238). Westminster John Knox Press.

Debrito, J. (2019, August 26). *Dads parent differently than moms*. Focus on the Family. https://www.focusonthefamily.com/parenting/dads-parent-differently-than-moms/

Dewar, G. (n.d.). *Traditional Chinese parenting*. Parenting Science. https://parentingscience.com/chinese-parenting/

Dills, R., Grinder, J., Bandler, R., & DeLozier, J. (1980). *Neuro-linguistic programming: Vol. 1, the study of the structure of subjective experience*. Meta Publications.

Doucleff, M., & Greenhalgh, J. (2019, March 13). *How Inuit parents teach kids to control their anger*. Goats and Soda, NPR. https://www.npr.org/sections/goatsandsoda/2019/03/13/685533353/a-playful-way-to-teach-kids-to-control-their-anger

Dreikurs, R. (1991). *Children: The challenge: The classic work on improving parent-child relations*. Penguin Publishers Group.

Dweck, C. (2006). *Mindset: The psychology of success*. Ballantine Books.

Frandsen, B. (2002). *Teaching responsible behaviors*. Family School.

Frandsen, B. (1993). *Diversified teaching*. Family School.

Gaskins, M. (2015, June 16). *A village to raise a child . . . and a community to keep parents sane*. The Village Method.

GenoPro. (n.d.). *Family systems theory*. GenoPro. https://genopro.com/genogram/family-systems-theory/

Gordon, T. (1975). *Parent effectiveness training*. New American Library.

Hunter, M. (1994). *Enhancing teaching*. Macmillan College Publishing.

Kostelyk, S. (n.d.). *Calm down breathing for kids*. The Chaos and the Clutter. https://www.thechaosandtheclutter.com/archives/calm-down-breathing-for-kids

Kvols-Riedler, B., & Kvols-Riedler, K. (1993). *Redirecting children's behavior*. INCAF Publications.

Niala, J. C. (n.d.). *African parenting: The sane way to raise children*. InCultureParent. https://www.incultureparent.com/african-parenting-the-sane-way-to-raise-children/

Reischer, E. (2016). *What great parents do*. Penguin Random House.

Shafer, A. (2010, February 25). *Why you shouldn't say, "I'm so proud of you."* Alyson Schafer. https://alysonschafer.com/why-you-shouldnt-say-Fim-so-proud-of-you/

Siegle, S. (2020, May 29). *The art of kindness*. Mayo Clinic Health System. https://www.mayoclinichealthsystem.org/hometown-health/speaking-of-health/the-art-of-kindness

Zaske, S. (2018). *Achtung baby: How to parent like Germans, an American mom on the German art of raising self reliant children*. Picador.

Zhao, Y., & Qiu, W. (2009, January 1). *How good are the Asians? Refuting four myths about Asian-American academic achievement*. Sage Journals. https://journals.sagepub.com/doi/10.1177/003172170909000507

Sobre Babara Frandsen

Barbara Frandsen ha dedicado más de cuarenta años a la enseñanza. Está certificada en educación primaria y educación especial, además de tener una amplia experiencia en la enseñanza de la lectura en todos los niveles educativos. Con la excepción de los grados séptimo y octavo, ha enseñado a estudiantes de todas las edades, desde niños de preescolar con discapacidades múltiples hasta alumnos de la Universidad St. Edward's que aspiran a ser maestros de clase.

Ha dado ponencias en la Universidad de Oxford y en tres ocasiones talleres a educadores en Jamaica. Asimismo, ha creado currículos escolares, ha impartido talleres en cinco escuelas de la zona y ha escrito varios libros. Cuando trabajaba en St. Edward's, dirigió a su equipo académico y organizó en la ciudad de Nueva York una experiencia educativa alternativa. Ha recibido premios universitarios por su excelencia en la enseñanza, innovación educativa y orientación escolar.

Barbara ha criado a sus hijos y ha participado activamente en la vida de sus nietos. A lo largo de sus años de docencia y crianza, valoró el ideal de ayudar a los niños a desarrollarse mental, física, emocional y espiritualmente. Aunque lleva jubilada desde el 2013, convertirse en bisabuela ha reafirmado su compromiso con el bienestar de todos los niños.

Para saber más sobre la autora se puede ir a:

- https://barbarafrandsen.substack.com/
- https://www.facebook.com/barbara.frandsen
- https://www.facebook.com/educationwithgrandma

También se le puede escribir por correo electrónico a barbarafrandsen@icloud.com

Los libros que ha escrito son los siguientes:

- Parenting with Kindness and Consequences
- The Ann Stories
- Dignity in Death
- Classroom Turmoil to Tranquility: Heal Our Classrooms Heal Our Students
- Slaying the Dragons: 21 Century Literacy
- Teaching Responsible Behavior

- Yes! I Can Teach Literacy
- Making a Difference for Students with Differences
- Diversified Teaching
- Dyslexia Analysis, a Computerized Checklist for Identifying Dyslexia

www.ingramcontent.com/pod-product-compliance
Lightning Source LLC
Chambersburg PA
CBHW050042080526
44586CB00014B/1414